개 역 개 정 · 신 약 성 경 쓰 기

**1**

# 마태복음상

내가 율법이나 선지자를
폐하러 온 줄로 생각하지 말라
폐하러 온 것이 아니요
완전하게 하려 함이라
_마 5:17

## 구약성경 통독표

| 순번 | 성경 목록 | 장 | 절 | 평균통독 시간/분 | 순번 | 성경 목록 | 장 | 절 | 평균통독 시간/분 |
|---|---|---|---|---|---|---|---|---|---|
| 1 | 창세기 | 50 | 1,533 | 203 | 21 | 전도서 | 12 | 222 | 31 |
| 2 | 출애굽기 | 40 | 1,213 | 162 | 22 | 아가 | 8 | 117 | 16 |
| 3 | 레위기 | 27 | 859 | 115 | 23 | 이사야 | 66 | 1,292 | 206 |
| 4 | 민수기 | 36 | 1,287 | 165 | 24 | 예레미야 | 52 | 1,364 | 300 |
| 5 | 신명기 | 34 | 959 | 147 | 25 | 예레미야애가 | 5 | 154 | 20 |
| 6 | 여호수아 | 24 | 658 | 99 | 26 | 에스겔 | 48 | 1,273 | 201 |
| 7 | 사사기 | 21 | 618 | 103 | 27 | 다니엘 | 12 | 357 | 62 |
| 8 | 룻기 | 4 | 85 | 14 | 28 | 호세아 | 14 | 197 | 30 |
| 9 | 사무엘상 | 31 | 810 | 136 | 29 | 요엘 | 3 | 73 | 11 |
| 10 | 사무엘하 | 24 | 695 | 113 | 30 | 아모스 | 9 | 146 | 23 |
| 11 | 열왕기상 | 22 | 816 | 128 | 31 | 오바댜 | 1 | 21 | 4 |
| 12 | 열왕기하 | 25 | 719 | 121 | 32 | 요나 | 4 | 48 | 7 |
| 13 | 역대상 | 29 | 942 | 119 | 33 | 미가 | 7 | 105 | 17 |
| 14 | 역대하 | 36 | 822 | 138 | 34 | 나훔 | 3 | 47 | 8 |
| 15 | 에스라 | 10 | 280 | 42 | 35 | 하박국 | 3 | 56 | 9 |
| 16 | 느헤미야 | 13 | 406 | 61 | 36 | 스바냐 | 3 | 53 | 9 |
| 17 | 에스더 | 10 | 167 | 29 | 37 | 학개 | 2 | 38 | 6 |
| 18 | 욥기 | 42 | 1,070 | 115 | 38 | 스가랴 | 14 | 211 | 33 |
| 19 | 시편 | 150 | 2,461 | 275 | 39 | 말라기 | 4 | 55 | 11 |
| 20 | 잠언 | 31 | 915 | 92 | | 합 계 | 929 | 23,144 | 3,381 |

## 신약성경 통독표

| 순번 | 성경 목록 | 장 | 절 | 평균통독 시간/분 | 순번 | 성경 목록 | 장 | 절 | 평균통독 시간/분 |
|---|---|---|---|---|---|---|---|---|---|
| 1 | 마태복음 | 28 | 1,071 | 130 | 15 | 디모데전서 | 6 | 113 | 14 |
| 2 | 마가복음 | 16 | 678 | 81 | 16 | 디모데후서 | 4 | 83 | 11 |
| 3 | 누가복음 | 24 | 1,151 | 138 | 17 | 디도서 | 3 | 46 | 6 |
| 4 | 요한복음 | 21 | 879 | 110 | 18 | 빌레몬서 | 1 | 25 | 2 |
| 5 | 사도행전 | 28 | 1,007 | 127 | 19 | 히브리서 | 13 | 303 | 41 |
| 6 | 로마서 | 16 | 433 | 58 | 20 | 야고보서 | 5 | 108 | 14 |
| 7 | 고린도전서 | 16 | 437 | 57 | 21 | 베드로전서 | 5 | 105 | 15 |
| 8 | 고린도후서 | 13 | 256 | 37 | 22 | 베드로후서 | 3 | 61 | 9 |
| 9 | 갈라디아서 | 6 | 149 | 19 | 23 | 요한1서 | 5 | 105 | 15 |
| 10 | 에베소서 | 6 | 155 | 18 | 24 | 요한2서 | 1 | 13 | 2 |
| 11 | 빌립보서 | 4 | 104 | 14 | 25 | 요한3서 | 1 | 15 | 2 |
| 12 | 골로새서 | 4 | 95 | 12 | 26 | 유다서 | 1 | 25 | 4 |
| 13 | 데살로니가전서 | 5 | 89 | 12 | 27 | 요한계시록 | 22 | 404 | 61 |
| 14 | 데살로니가후서 | 3 | 47 | 6 | | 합 계 | 260 | 7,957 | 1,015 |

| 구약성경 | 39권 | 23,144절 | 1,006,953문자 | 352,319단어 | 평균 통독시간 | 56시간 |
|---|---|---|---|---|---|---|
| 신약성경 | 27권 | 7,957절 | 315,579문자 | 110,237단어 | 평균 통독시간 | 17시간 |

# 우리는 성경을 읽지만, 세상은 우리를 읽습니다!

성경은 세상의 모든 책을 담을 수 있는 가장 큰 그릇입니다.
성경 필사는 단순히 베끼어 쓰는 게 아니라, 눈으로 말씀을 읽고 손으로 쓰면서 머리로 생각하는 작업입니다.
눈과 손, 머리를 동시에 동원하므로 성경 필사는 오래전부터 그 효과가 입증된 글쓰기 훈련법입니다.
세계적으로 저명한 사람들은 필사의 경험 없는 사람이 없습니다.

손과 종이 위에 연필 끝이 만나는 순간 미묘한 시간차가 발생합니다. 필사가 제공하는 틈 그 순간에 머리는
가만히 있지 않습니다. 단어와 문장을 거슬러 올라가고 맥락을 헤아리고 성경 말씀을 되새김질 합니다.
또한 눈으로 읽을 때는 미처 보지 못한 내용을 필사 과정에서 발견하고 깨달을 수 있습니다.

성경 필사는 하나님 말씀이 생명력 있게 살아나게 하는 작업입니다. 하나님 말씀이 우리의 마음에 가득할 때,
하나님은 우리의 소원과 기도 제목을 들으시고 이루어 주실 것입니다. 성경의 진리를 오직 말씀과 성령의
조명으로 해석하여 교리를 세우고 모든 삶의 기준과 원칙으로 적용한 청교도처럼, 예수를
가장 잘 믿으며 가장 순수한 신앙으로 살아가는 "크리스천"이 되기를 소망합니다.

엮은이 김영기

## 우슬북 성경 쓰기 시리즈 특징 ·····

*필사와 통독의 기쁨을 함께~!*

### 볼펜, 만년필로 성경 쓰기 편한 고급 재질의 종이 사용

[우슬북 신약성경 쓰기 시리즈❶ 마태복음상]은 유성볼펜이나 만년필 사용에 적합하도록 도톰하고 고급스런 광택이 나는 재질의 종이를 사용하였습니다.

### 성경 쓰기 편하도록 페이지가 180도 펼쳐지는 고급 제본

[우슬북 신약성경 쓰기 시리즈❶ 마태복음상]은 책을 펼친 중간 부분이 걸리지 않도록 페이지가 완전히 펼쳐지는 180도 고급 제본을 사용하였습니다.

### 10여 년의 경험으로 성경 읽고 쓰기 편안한 글씨체 사용

[우슬북 신약성경 쓰기 시리즈❶ 마태복음상]은 통독을 겸한 필사가 가능하도록 읽고 쓰면서 스트레스 받지 않는 글씨체를 10여 년의 실패와 경험으로 선정, 사용하였습니다.

### 따라쓸 수 있는 한자 병기로 말씀 묵상의 극대화

[우슬북 신약성경 쓰기 시리즈❶ 마태복음상]은 긍정적이고 따라쓰기 쉬운 한자(漢字)를 병기(倂記)하여 깊은 묵상을 극대화하였습니다.

예수 그리스도의 계보

# 1

<sup>1</sup> 아브라함과 다윗의 자손 예수 그리스도의 계보라

<sup>2</sup> 아브라함이 이삭을 낳고 이삭은 야곱을 낳고
야곱은 유다와 그의 형제(兄弟)들을 낳고

<sup>3</sup> 유다는 다말에게서 베레스와 세라를 낳고
베레스는 헤스론을 낳고 헤스론은 람을 낳고

<sup>4</sup> 람은 아미나답을 낳고 아미나답은 나손을 낳고
나손은 살몬을 낳고

<sup>5</sup> 살몬은 라합에게서 보아스를 낳고
보아스는 룻에게서 오벳을 낳고 오벳은 이새를 낳고

<sup>6</sup> 이새는 다윗 왕(王)을 낳으니라
다윗은 우리야의 아내에게서 솔로몬을 낳고

7 솔로몬은 르호보암을 낳고 르호보암은 아비야를 낳고
아비야는 아사를 낳고

8 아사는 여호사밧을 낳고 여호사밧은 요람을 낳고
요람은 웃시야를 낳고

9 웃시야는 요담을 낳고 요담은 아하스를 낳고
아하스는 히스기야를 낳고

10 히스기야는 므낫세를 낳고 므낫세는 아몬을 낳고
아몬은 요시야를 낳고

11 바벨론으로 사로잡혀 갈 때에 요시야는
여고냐와 그의 형제들을 낳으니라

12 바벨론으로 사로잡혀 간 후에 여고냐는
스알디엘을 낳고 스알디엘은 스룹바벨을 낳고

<sup>13</sup> 스룹바벨은 아비훗을 낳고 아비훗은 엘리아김을 낳고
엘리아김은 아소르를 낳고

<sup>14</sup> 아소르는 사독을 낳고 사독은 아킴을 낳고
아킴은 엘리웃을 낳고

<sup>15</sup> 엘리웃은 엘르아살을 낳고 엘르아살은 맛단을 낳고
맛단은 야곱을 낳고

<sup>16</sup> 야곱은 마리아의 남편 요셉을 낳았으니
마리아에게서 그리스도라 칭하는 예수가 나시니라

<sup>17</sup> 그런즉 모든 대 수가 아브라함부터 다윗까지 열네 대요
다윗부터 바벨론으로 사로잡혀 갈 때까지 열네 대요
바벨론으로 사로잡혀 간 후부터 그리스도까지 열네 대더라

예수 그리스도의 나심

¹⁸예수 그리스도의 나심은 이러하니라
그의 어머니 마리아가 요셉과 약혼하고
동거하기 전에 성령으로 잉태된 것이 나타났더니


¹⁹그의 남편 요셉은 의로운 사람이라
그를 드러내지 아니하고 가만히 끊고자 하여


²⁰이 일을 생각할 때에 주의 사자가 현몽하여 이르되
다윗의 자손 요셉아


네 아내 마리아 데려오기를 무서워하지 말라
그에게 잉태된 자는 성령으로 된 것이라


²¹아들을 낳으리니 이름을 예수라 하라
이는 그가 자기 백성을 그들의 죄에서 구원할 자이심이라
하니라

<sup>22</sup>이 모든 일이 된 것은
주께서 선지자로 하신 말씀을 이루려 하심이니 이르시되

<sup>23</sup>보라 처녀가 잉태하여 아들을 낳을 것이요
그의 이름은 임마누엘이라 하리라 하셨으니
이를 번역한즉 하나님이 우리와 함께 계시다 함이라

<sup>24</sup>요셉이 잠에서 깨어 일어나 주의 사자의 분부대로 행하여
그의 아내를 데려왔으나

<sup>25</sup>아들을 낳기까지 동침하지 아니하더니 낳으매
이름을 예수라 하니라

## 동방으로부터 박사들이 경배하러 오다

**2** <sup>1</sup>헤롯 왕 때에 예수께서 유대 베들레헴에서 나시매
동방(東方)으로부터 박사들이

예루살렘에 이르러 말하되

2 유대인의 왕으로 나신 이가 어디 계시냐
우리가 동방에서 그의 별을 보고
그에게 경배하러 왔노라 하니

3 헤롯 왕과 온 예루살렘이 듣고 소동한지라

4 왕이 모든 대제사장과 백성의 서기관들을 모아
그리스도가 어디서 나겠느냐 물으니

5 이르되 유대 베들레헴이오니
이는 선지자로 이렇게 기록된 바

6 또 유대 땅 베들레헴아
너는 유대 고을 중에서 가장 작지 아니하도다
네게서 한 다스리는 자가 나와서

내 백성 이스라엘의 목자가 되리라 하였음이니이다

7 이에 헤롯이 가만히 박사(博士)들을 불러
별이 나타난 때를 자세히 묻고

8 베들레헴으로 보내며 이르되
가서 아기에 대하여 자세히 알아보고 찾거든
내게 고하여 나도 가서 그에게 경배하게 하라

9 박사들이 왕의 말을 듣고 갈새
동방에서 보던 그 별이 문득 앞서 인도하여 가다가
아기 있는 곳 위에 머물러 서 있는지라

10 그들이 별을 보고 매우 크게 기뻐하고 기뻐하더라

11 집에 들어가 아기와 그의 어머니 마리아가
함께 있는 것을 보고

엎드려 아기께 경배하고 보배합을 열어
황금과 유향과 몰약을 예물로 드리니라

<sup>12</sup>그들은 꿈에 헤롯에게로 돌아가지 말라 지시하심을 받아
다른 길로 고국에 돌아가니라

## 애굽으로 피하다

<sup>13</sup>그들이 떠난 후에 주의 사자가 요셉에게 현몽하여 이르되
헤롯이 아기를 찾아 죽이려 하니

일어나 아기와 그의 어머니를 데리고 애굽으로 피하여
내가 네게 이르기까지 거기 있으라 하시니

<sup>14</sup>요셉이 일어나서 밤에 아기와 그의 어머니를 데리고
애굽으로 떠나가

<sup>15</sup>헤롯이 죽기까지 거기 있었으니

이는 주께서 선지자를 통하여 말씀하신 바
애굽으로부터 내 아들을 불렀다 함을 이루려 하심이라

16 이에 헤롯이 박사들에게 속은 줄 알고
심히 노하여 사람을 보내어

베들레헴과 그 모든 지경 안에 있는 사내아이를
박사들에게 자세히 알아본 그 때를 기준하여
두 살부터 그 아래로 다 죽이니

17 이에 선지자 예레미야를 통하여 말씀하신 바

18 라마에서 슬퍼하며 크게 통곡하는 소리가 들리니
라헬이 그 자식을 위하여 애곡하는 것이라

그가 자식이 없으므로
위로 받기를 거절하였도다 함이 이루어졌느니라

**애굽에서 이스라엘 땅으로**

¹⁹헤롯이 죽은 후에 주의 사자가 애굽에서
요셉에게 현몽(現夢)하여 이르되

²⁰일어나 아기와 그의 어머니를 데리고 이스라엘 땅으로 가라
아기의 목숨을 찾던 자들이 죽었느니라 하시니

²¹요셉이 일어나 아기와 그의 어머니를 데리고
이스라엘 땅으로 들어가니라

²²그러나 아켈라오가 그의 아버지 헤롯을 이어
유대의 임금 됨을 듣고 거기로 가기를 무서워하더니
꿈에 지시하심을 받아 갈릴리 지방으로 떠나가

²³나사렛이란 동네에 가서 사니 이는 선지자로 하신 말씀에
나사렛 사람이라 칭하리라 하심을 이루려 함이러라

세례 요한이 천국을 전파하다

**3** ¹ 그 때에 세례(洗禮) 요한이 이르러
유대 광야에서 전파하여 말하되

² 회개하라 천국이 가까이 왔느니라 하였으니

³ 그는 선지자 이사야를 통하여 말씀하신 자라 일렀으되
광야에 외치는 자의 소리가 있어 이르되

너희는 주의 길을 준비하라
그가 오실 길을 곧게 하라 하였느니라

⁴ 이 요한은 낙타털 옷을 입고 허리에 가죽 띠를 띠고
음식은 메뚜기와 석청이었더라

⁵ 이 때에 예루살렘과 온 유대와
요단 강 사방(四方)에서 다 그에게 나아와

⁶ 자기들의 죄를 자복하고
요단 강에서 그에게 세례를 받더니

⁷ 요한이 많은 바리새인들과 사두개인들이
세례 베푸는 데로 오는 것을 보고 이르되

독사의 자식들아
누가 너희를 가르쳐 임박한 진노를 피하리 하더냐

⁸ 그러므로 회개에 합당한 열매를 맺고

⁹ 속으로 아브라함이 우리 조상이라고 생각하지 말라
내가 너희에게 이르노니 하나님이 능히 이 돌들로도
아브라함의 자손이 되게 하시리라

¹⁰ 이미 도끼가 나무 뿌리에 놓였으니
좋은 열매를 맺지 아니하는 나무마다 찍혀 불에 던져지리라

11 나는 너희로 회개하게 하기 위하여 물로 세례를 베풀거니와
내 뒤에 오시는 이는 나보다 능력이 많으시니

나는 그의 신을 들기도 감당하지 못하겠노라
그는 성령과 불로 너희에게 세례를 베푸실 것이요

12 손에 키를 들고 자기의 타작 마당을 정하게 하사
알곡은 모아 곳간에 들이고
쭉정이는 꺼지지 않는 불에 태우시리라

세례를 받으시다

13 이 때에 예수께서 갈릴리로부터 요단 강에 이르러
요한에게 세례를 받으려 하시니

14 요한이 말려 이르되
내가 당신에게서 세례를 받아야 할 터인데

당신이 내게로 오시나이까

15예수께서 대답하여 이르시되 이제 허락하라
우리가 이와 같이 하여 모든 의를 이루는 것이
합당하니라 하시니 이에 요한이 허락하는지라

16예수께서 세례를 받으시고 곧 물에서 올라오실새
하늘이 열리고 하나님의 성령이 비둘기 같이 내려
자기 위에 임하심을 보시더니

17하늘로부터 소리가 있어 말씀하시되
이는 내 사랑하는 아들이요 내 기뻐하는 자라 하시니라

## 시험을 받으시다

4 1그 때에 예수께서 성령에게 이끌리어
마귀에게 시험(試驗)을 받으러 광야로 가사

2 사십 일을 밤낮으로 금식하신 후에 주리신지라

3 시험하는 자가 예수께 나아와서 이르되
네가 만일 하나님의 아들이어든 명하여
이 돌들로 떡덩이가 되게 하라

4 예수께서 대답하여 이르시되
기록되었으되 사람이 떡으로만 살 것이 아니요

하나님의 입으로부터 나오는 모든 말씀으로 살 것이라
하였느니라 하시니

5 이에 마귀(魔鬼)가 예수를 거룩한 성으로 데려다가
성전 꼭대기에 세우고

6 이르되 네가 만일 하나님의 아들이어든 뛰어내리라
기록되었으되 그가 너를 위하여 그의 사자들을 명하시리니

그들이 손으로 너를 받들어
발이 돌에 부딪치지 않게 하리로다 하였느니라

7 예수께서 이르시되 또 기록되었으되
주 너의 하나님을 시험하지 말라 하였느니라 하시니

8 마귀가 또 그를 데리고 지극히 높은 산으로 가서
천하 만국과 그 영광(榮光)을 보여

9 이르되 만일 내게 엎드려 경배하면
이 모든 것을 네게 주리라

10 이에 예수께서 말씀하시되 사탄아 물러가라 기록되었으되
주 너의 하나님께 경배하고 다만 그를 섬기라 하였느니라

11 이에 마귀는 예수를 떠나고 천사들이 나아와서 수종드니라

비로소 천국을 전파하시다

12예수께서 요한이 잡혔음을 들으시고 갈릴리로 물러가셨다가

13나사렛을 떠나 스불론과 납달리 지경 해변에 있는
가버나움에 가서 사시니

14이는 선지자 이사야를 통하여 하신 말씀을
이루려 하심이라 일렀으되

15스불론 땅과 납달리 땅과
요단 강 저편 해변 길과 이방의 갈릴리여

16흑암에 앉은 백성이 큰 빛을 보았고
사망의 땅과 그늘에 앉은 자들에게
빛이 비치었도다 하였느니라

17이 때부터 예수께서 비로소 전파하여 이르시되
회개하라 천국이 가까이 왔느니라 하시더라

**어부들을 부르시다**

<sup>18</sup>갈릴리 해변에 다니시다가 두 형제
곧 베드로라 하는 시몬과 그의 형제 안드레가
바다에 그물 던지는 것을 보시니 그들은 어부라

<sup>19</sup>말씀하시되 나를 따라오라
내가 너희를 사람을 낚는 어부가 되게 하리라 하시니

<sup>20</sup>그들이 곧 그물을 버려 두고 예수를 따르니라

<sup>21</sup>거기서 더 가시다가 다른 두 형제 곧 세베대의 아들
야고보와 그의 형제 요한이 그의 아버지 세베대와 함께
배에서 그물 깁는 것을 보시고 부르시니

<sup>22</sup>그들이 곧 배와 아버지를 버려 두고 예수를 따르니라

**가르치시며 전파하시며 고치시다**

23 예수께서 온 갈릴리에 두루 다니사
그들의 회당에서 가르치시며 천국 복음을 전파하시며
백성 중의 모든 병과 모든 약한 것을 고치시니

24 그의 소문이 온 수리아에 퍼진지라
사람들이 모든 앓는 자
곧 각종 병에 걸려서 고통 당하는 자,

귀신 들린 자, 간질하는 자, 중풍병자들을 데려오니
그들을 고치시더라

25 갈릴리와 데가볼리와 예루살렘과 유대와
요단 강 건너편에서 수많은 무리가 따르니라

복이 있는 사람

5 1 예수께서 무리를 보시고 산에 올라가 앉으시니

제자들이 나아온지라

2 입을 열어 가르쳐 이르시되

3 심령이 가난한 자는 복이 있나니
천국(天國)이 그들의 것임이요

4 애통하는 자는 복이 있나니
그들이 위로를 받을 것임이요

5 온유한 자는 복이 있나니
그들이 땅을 기업으로 받을 것임이요

6 의에 주리고 목마른 자는 복이 있나니
그들이 배부를 것임이요

7 긍휼히 여기는 자는 복이 있나니
그들이 긍휼히 여김을 받을 것임이요

⁸ 마음이 청결(淸潔)한 자는 복이 있나니
그들이 하나님을 볼 것임이요

⁹ 화평하게 하는 자는 복이 있나니
그들이 하나님의 아들이라 일컬음을 받을 것임이요

¹⁰ 의를 위하여 박해를 받은 자는 복이 있나니
천국이 그들의 것임이라

¹¹ 나로 말미암아 너희를 욕하고 박해하고
거짓으로 너희를 거슬러 모든 악한 말을 할 때에는
너희에게 복이 있나니

¹² 기뻐하고 즐거워하라 하늘에서 너희의 상이 큼이라
너희 전에 있던 선지자들도 이같이 박해하였느니라

소금이요 빛이라

¹³너희는 세상의 소금이니
소금이 만일 그 맛을 잃으면 무엇으로 짜게 하리요

후에는 아무 쓸 데 없어 다만 밖에 버려져
사람에게 밟힐 뿐이니라

¹⁴너희는 세상(世上)의 빛이라
산 위에 있는 동네가 숨겨지지 못할 것이요

¹⁵사람이 등불을 켜서
말 아래에 두지 아니하고 등경 위에 두나니
이러므로 집 안 모든 사람에게 비치느니라

¹⁶이같이 너희 빛이 사람 앞에 비치게 하여
그들로 너희 착한 행실을 보고
하늘에 계신 너희 아버지께 영광을 돌리게 하라

예수와 율법

<sup>17</sup>내가 율법이나 선지자를 폐하러 온 줄로 생각하지 말라
폐하러 온 것이 아니요 완전하게 하려 함이라

<sup>18</sup>진실로 너희에게 이르노니
천지가 없어지기 전에는 율법의 일점 일획도
결코 없어지지 아니하고 다 이루리라

<sup>19</sup>그러므로 누구든지
이 계명 중의 지극히 작은 것 하나라도 버리고
또 그같이 사람을 가르치는 자는

천국에서 지극히 작다 일컬음을 받을 것이요
누구든지 이를 행하며 가르치는 자는
천국에서 크다 일컬음을 받으리라

<sup>20</sup>내가 너희에게 이르노니
너희 의가 서기관과 바리새인보다 더 낫지 못하면
결코 천국에 들어가지 못하리라

**노하지 말라**

<sup>21</sup>옛 사람에게 말한 바 살인하지 말라
누구든지 살인하면 심판을 받게 되리라
하였다는 것을 너희가 들었으나

<sup>22</sup>나는 너희에게 이르노니
형제에게 노하는 자마다 심판을 받게 되고

형제를 대하여 라가라 하는 자는 공회에 잡혀가게 되고
미련한 놈이라 하는 자는 지옥 불에 들어가게 되리라

<sup>23</sup>그러므로 예물을 제단에 드리려다가 거기서

네 형제에게 원망들을 만한 일이 있는 것이 생각나거든

24 예물을 제단 앞에 두고 먼저 가서 형제와 화목하고
그 후에 와서 예물을 드리라

25 너를 고발하는 자와 함께 길에 있을 때에 급히 사화하라
그 고발하는 자가 너를 재판관에게 내어 주고
재판관이 옥리에게 내어 주어 옥에 가둘까 염려하라

26 진실로 네게 이르노니 네가 한 푼이라도 남김이 없이
다 갚기 전에는 결코 거기서 나오지 못하리라

## 간음하지 말라

27 또 간음하지 말라 하였다는 것을 너희가 들었으나

28 나는 너희에게 이르노니 음욕을 품고 여자를 보는 자마다
마음에 이미 간음하였느니라

<sup>29</sup>만일 네 오른 눈이 너로 실족하게 하거든
빼어 내버리라 네 백체 중 하나가 없어지고
온 몸이 지옥에 던져지지 않는 것이 유익하며

<sup>30</sup>또한 만일 네 오른손이 너로 실족하게 하거든
찍어 내버리라 네 백체 중 하나가 없어지고
온 몸이 지옥에 던져지지 않는 것이 유익하니라

<sup>31</sup>또 일렀으되 누구든지 아내를 버리려거든
이혼 증서를 줄 것이라 하였으나

<sup>32</sup>나는 너희에게 이르노니
누구든지 음행한 이유 없이 아내를 버리면

이는 그로 간음하게 함이요
또 누구든지 버림받은 여자에게 장가드는 자도

간음함이니라


**맹세하지 말라**

³³또 옛 사람에게 말한 바 헛 맹세를 하지 말고
네 맹세한 것을 주께 지키라 하였다는 것을
너희가 들었으나


³⁴나는 너희에게 이르노니 도무지 맹세하지 말지니
하늘로도 하지 말라 이는 하나님의 보좌임이요


³⁵땅으로도 하지 말라 이는 하나님의 발등상임이요
예루살렘으로도 하지 말라 이는 큰 임금의 성임이요


³⁶네 머리로도 하지 말라
이는 네가 한 터럭도 희고 검게 할 수 없음이라


³⁷오직 너희 말은 옳다 옳다, 아니라 아니라 하라

이에서 지나는 것은 악으로부터 나느니라

## 악한 자를 대적하지 말라

<sup>38</sup>또 눈은 눈으로 이는 이로 갚으라 하였다는 것을
너희가 들었으나

<sup>39</sup>나는 너희에게 이르노니 악한 자를 대적하지 말라
누구든지 네 오른편 뺨을 치거든 왼편도 돌려 대며

<sup>40</sup>또 너를 고발하여 속옷을 가지고자 하는 자에게
겉옷까지도 가지게 하며

<sup>41</sup>또 누구든지 너로 억지로 오 리를 가게 하거든
그 사람과 십 리를 동행하고

<sup>42</sup>네게 구하는 자에게 주며
네게 꾸고자 하는 자에게 거절하지 말라

## 원수를 사랑하라

43또 네 이웃을 사랑하고 네 원수를 미워하라
하였다는 것을 너희가 들었으나


44나는 너희에게 이르노니 너희 원수를 사랑하며
너희를 박해하는 자를 위하여 기도하라


45이같이 한즉 하늘에 계신 너희 아버지의 아들이 되리니
이는 하나님이 그 해를 악인과 선인에게 비추시며
비를 의로운 자와 불의한 자에게 내려주심이라


46너희가 너희를 사랑하는 자를 사랑하면 무슨 상이 있으리요
세리도 이같이 아니하느냐


47또 너희가 너희 형제에게만 문안하면
남보다 더하는 것이 무엇이냐 이방인들도 이같이 아니하느냐

⁴⁸그러므로 하늘에 계신 너희 아버지의 온전하심과 같이
너희도 온전하라

## 구제함을 은밀하게 하라

**6** ¹사람에게 보이려고 그들 앞에서
너희 의를 행하지 않도록 주의하라

그리하지 아니하면 하늘에 계신 너희 아버지께
상을 받지 못하느니라

²그러므로 구제할 때에
외식하는 자가 사람에게서 영광을 받으려고

회당과 거리에서 하는 것 같이
너희 앞에 나팔을 불지 말라
진실로 너희에게 이르노니

그들은 자기 상을 이미 받았느니라

3 너는 구제할 때에 오른손이 하는 것을 왼손이 모르게 하여

4 네 구제함을 은밀하게 하라
은밀한 중에 보시는 너의 아버지께서 갚으시리라

## 너희는 이렇게 기도하라

5 또 너희는 기도할 때에 외식하는 자와 같이 하지 말라
그들은 사람에게 보이려고 회당과 큰 거리 어귀에 서서
기도하기를 좋아하느니라

내가 진실로 너희에게 이르노니
그들은 자기 상을 이미 받았느니라

6 너는 기도할 때에 네 골방에 들어가 문을 닫고
은밀한 중에 계신 네 아버지께 기도하라

은밀한 중에 보시는 네 아버지께서 갚으시리라

7 또 기도(祈禱)할 때에 이방인과 같이 중언부언하지 말라
그들은 말을 많이 하여야 들으실 줄 생각하느니라

8 그러므로 그들을 본받지 말라
구하기 전에 너희에게 있어야 할 것을
하나님 너희 아버지께서 아시느니라

9 그러므로 너희는 이렇게 기도하라
하늘에 계신 우리 아버지여
이름이 거룩히 여김을 받으시오며

10 나라가 임하시오며
뜻이 하늘에서 이루어진 것 같이 땅에서도 이루어지이다

11 오늘 우리에게 일용할 양식을 주시옵고

12 우리가 우리에게 죄 지은 자를 사하여 준 것 같이
우리 죄를 사하여 주시옵고

13 우리를 시험에 들게 하지 마시옵고
다만 악에서 구하시옵소서
(나라와 권세와 영광이 아버지께 영원히 있사옵나이다 아멘)

14 너희가 사람의 잘못을 용서하면
너희 하늘 아버지께서도 너희 잘못을 용서하시려니와

15 너희가 사람의 잘못을 용서하지 아니하면
너희 아버지께서도 너희 잘못을 용서하지 아니하시리라

## 외식으로 금식하지 말라

16 금식(禁食)할 때에 너희는 외식하는 자들과 같이
슬픈 기색을 보이지 말라

그들은 금식하는 것을 사람에게 보이려고
얼굴을 흉하게 하느니라

내가 진실로 너희에게 이르노니
그들은 자기 상을 이미 받았느니라

¹⁷너는 금식할 때에 머리에 기름을 바르고 얼굴을 씻으라

¹⁸이는 금식하는 자로 사람에게 보이지 않고
오직 은밀한 중에 계신 네 아버지께 보이게 하려 함이라
은밀한 중에 보시는 네 아버지께서 갚으시리라

**보물을 하늘에 쌓아 두라**

¹⁹너희를 위하여 보물을 땅에 쌓아 두지 말라
거기는 좀과 동록이 해하며
도둑이 구멍을 뚫고 도둑질하느니라

20오직 너희를 위하여 보물을 하늘에 쌓아 두라
거기는 좀이나 동록이 해하지 못하며
도둑이 구멍을 뚫지도 못하고 도둑질도 못하느니라

21네 보물 있는 그 곳에는 네 마음도 있느니라

22눈은 몸의 등불이니
그러므로 네 눈이 성하면 온 몸이 밝을 것이요

23눈이 나쁘면 온 몸이 어두울 것이니
그러므로 네게 있는 빛이 어두우면
그 어둠이 얼마나 더하겠느냐

24한 사람이 두 주인을 섬기지 못할 것이니
혹 이를 미워하고 저를 사랑하거나
혹 이를 중히 여기고 저를 경히 여김이라

너희가 하나님과 재물을 겸하여 섬기지 못하느니라

25 그러므로 내가 너희에게 이르노니
목숨을 위하여 무엇을 먹을까 무엇을 마실까
몸을 위하여 무엇을 입을까 염려하지 말라

목숨이 음식보다 중하지 아니하며
몸이 의복보다 중하지 아니하냐

26 공중의 새를 보라
심지도 않고 거두지도 않고 창고에 모아들이지도 아니하되

너희 하늘 아버지께서 기르시나니
너희는 이것들보다 귀하지 아니하냐

27 너희 중에 누가 염려함으로
그 키를 한 자라도 더할 수 있겠느냐

²⁸또 너희가 어찌 의복을 위하여 염려하느냐
들의 백합화가 어떻게 자라는가 생각하여 보라
수고도 아니하고 길쌈도 아니하느니라

²⁹그러나 내가 너희에게 말하노니
솔로몬의 모든 영광으로도 입은 것이
이 꽃 하나만 같지 못하였느니라

³⁰오늘 있다가 내일 아궁이에 던져지는 들풀도
하나님이 이렇게 입히시거든 하물며 너희일까보냐
믿음이 작은 자들아

³¹그러므로 염려하여 이르기를
무엇을 먹을까 무엇을 마실까 무엇을 입을까 하지 말라

³²이는 다 이방인들이 구하는 것이라

너희 하늘 아버지께서 이 모든 것이
너희에게 있어야 할 줄을 아시느니라

33 그런즉 너희는 먼저 그의 나라와 그의 의를 구하라
그리하면 이 모든 것을 너희에게 더하시리라

34 그러므로 내일 일을 위하여 염려하지 말라
내일 일은 내일이 염려할 것이요
한 날의 괴로움은 그 날로 족(足)하니라

## 비판하지 말라

7 1 비판(批判)을 받지 아니하려거든 비판하지 말라

2 너희가 비판하는 그 비판으로 너희가 비판을 받을 것이요
너희가 헤아리는 그 헤아림으로 너희가 헤아림을 받을 것이니라

3 어찌하여 형제의 눈 속에 있는 티는 보고

네 눈 속에 있는 들보는 깨닫지 못하느냐

4 보라 네 눈 속에 들보가 있는데 어찌하여 형제에게 말하기를
나로 네 눈 속에 있는 티를 빼게 하라 하겠느냐

5 외식하는 자여 먼저 네 눈 속에서 들보를 빼어라
그 후에야 밝히 보고 형제의 눈 속에서 티를 빼리라

6 거룩한 것을 개에게 주지 말며
너희 진주를 돼지 앞에 던지지 말라

그들이 그것을 발로 밟고 돌이켜
너희를 찢어 상하게 할까 염려하라

**구하라 찾으라 문을 두드리라**
7 구하라 그리하면 너희에게 주실 것이요
찾으라 그리하면 찾아낼 것이요

문을 두드리라 그리하면 너희에게 열릴 것이니

8 구하는 이마다 받을 것이요 찾는 이는 찾아낼 것이요
두드리는 이에게는 열릴 것이니라

9 너희 중에 누가 아들이 떡을 달라 하는데 돌을 주며

10 생선을 달라 하는데 뱀을 줄 사람이 있겠느냐

11 너희가 악한 자라도 좋은 것으로 자식에게 줄 줄 알거든
하물며 하늘에 계신 너희 아버지께서 구하는 자에게
좋은 것으로 주시지 않겠느냐

12 그러므로 무엇이든지 남에게 대접을 받고자 하는 대로
너희도 남을 대접하라 이것이 율법이요 선지자니라

## 좁은 문
13 좁은 문으로 들어가라 멸망으로 인도하는 문은 크고

그 길이 넓어 그리로 들어가는 자가 많고

14 생명으로 인도하는 문은 좁고 길이 협착하여
찾는 자가 적음이라

**열매로 그들을 알리라**
15 거짓 선지자들을 삼가라
양의 옷을 입고 너희에게 나아오나
속에는 노략질하는 이리라

16 그들의 열매로 그들을 알지니 가시나무에서 포도를,
또는 엉겅퀴에서 무화과를 따겠느냐

17 이와 같이 좋은 나무마다 아름다운 열매를 맺고
못된 나무가 나쁜 열매를 맺나니

18 좋은 나무가 나쁜 열매를 맺을 수 없고

못된 나무가 아름다운 열매를 맺을 수 없느니라

19아름다운 열매를 맺지 아니하는 나무마다
찍혀 불에 던져지느니라

20이러므로 그들의 열매로 그들을 알리라

21나더러 주여 주여 하는 자마다
다 천국에 들어갈 것이 아니요

다만 하늘에 계신 내 아버지의 뜻대로
행하는 자라야 들어가리라

22그 날에 많은 사람이 나더러 이르되
주여 주여 우리가 주의 이름으로 선지자 노릇 하며

주의 이름으로 귀신을 쫓아 내며
주의 이름으로 많은 권능을 행하지 아니하였나이까 하리니

태복음
23-27

23 그 때에 내가 그들에게 밝히 말하되
내가 너희를 도무지 알지 못하니 불법을 행하는 자들아
내게서 떠나가라 하리라

24 그러므로 누구든지 나의 이 말을 듣고 행하는 자는
그 집을 반석(盤石) 위에 지은 지혜로운 사람 같으리니

25 비가 내리고 창수가 나고 바람이 불어 그 집에 부딪치되
무너지지 아니하나니 이는 주추를 반석 위에 놓은 까닭이요

26 나의 이 말을 듣고 행하지 아니하는 자는
그 집을 모래 위에 지은 어리석은 사람 같으리니

27 비가 내리고 창수가 나고 바람이 불어 그 집에 부딪치매
무너져 그 무너짐이 심하니라

무리들이 가르치심에 놀라다

²⁸예수께서 이 말씀을 마치시매
무리들이 그의 가르치심에 놀라니

²⁹이는 그 가르치시는 것이 권위 있는 자와 같고
그들의 서기관들과 같지 아니함일러라

## 나병환자를 깨끗하게 하시다

**8** ¹ 예수께서 산에서 내려 오시니
수많은 무리가 따르니라

² 한 나병환자가 나아와 절하며 이르되
주여 원하시면 저를 깨끗하게 하실 수 있나이다 하거늘

³ 예수께서 손을 내밀어 그에게 대시며 이르시되
내가 원하노니 깨끗함을 받으라 하시니
즉시 그의 나병이 깨끗하여진지라

4 예수께서 이르시되 삼가 아무에게도 이르지 말고
다만 가서 제사장에게 네 몸을 보이고
모세가 명한 예물을 드려 그들에게 입증하라 하시니라

## 백부장의 하인을 고치시다

5 예수께서 가버나움에 들어가시니
한 백부장이 나아와 간구하여

6 이르되 주여 내 하인이 중풍병으로 집에 누워
몹시 괴로워하나이다

7 이르시되 내가 가서 고쳐 주리라

8 백부장(百夫長)이 대답하여 이르되
주여 내 집에 들어오심을 나는 감당하지 못하겠사오니
다만 말씀으로만 하옵소서

그러면 내 하인이 낫겠사옵나이다

<sup>9</sup> 나도 남의 수하에 있는 사람이요
내 아래에도 군사가 있으니

이더러 가라 하면 가고 저더러 오라 하면 오고
내 종더러 이것을 하라 하면 하나이다

<sup>10</sup> 예수께서 들으시고 놀랍게 여겨 따르는 자들에게 이르시되
내가 진실로 너희에게 이르노니 이스라엘 중 아무에게서도
이만한 믿음을 보지 못하였노라

<sup>11</sup> 또 너희에게 이르노니
동서(東西)로부터 많은 사람이 이르러
아브라함과 이삭과 야곱과 함께 천국에 앉으려니와

<sup>12</sup> 그 나라의 본 자손들은 바깥 어두운 데 쫓겨나

거기서 울며 이를 갈게 되리라

13 예수께서 백부장에게 이르시되 가라 네 믿은 대로 될지어다
하시니 그 즉시 하인이 나으니라

## 많은 사람들을 다 고치시다

14 예수께서 베드로의 집에 들어가사
그의 장모가 열병으로 앓아 누운 것을 보시고

15 그의 손을 만지시니 열병이 떠나가고
여인이 일어나서 예수께 수종들더라

16 저물매 사람들이 귀신 들린 자를
많이 데리고 예수께 오거늘

예수께서 말씀으로 귀신들을 쫓아 내시고
병든 자들을 다 고치시니

<sup>17</sup>이는 선지자 이사야를 통하여 하신 말씀에
우리의 연약한 것을 친히 담당(擔當)하시고
병을 짊어지셨도다 함을 이루려 하심이더라

**나를 따르라**

<sup>18</sup>예수께서 무리가 자기를 에워싸는 것을 보시고
건너편으로 가기를 명하시니라

<sup>19</sup>한 서기관이 나아와 예수께 아뢰되
선생님이여 어디로 가시든지 저는 따르리이다

<sup>20</sup>예수께서 이르시되
여우도 굴이 있고 공중의 새도 거처가 있으되
인자는 머리 둘 곳이 없다 하시더라

<sup>21</sup>제자 중에 또 한 사람이 이르되

주여 내가 먼저 가서 내 아버지를 장사하게 허락하옵소서

²²예수께서 이르시되
죽은 자들이 그들의 죽은 자들을 장사하게 하고
너는 나를 따르라 하시니라

바람과 바다를 잔잔하게 하시다

²³배에 오르시매 제자들이 따랐더니

²⁴바다에 큰 놀이 일어나 배가 물결에 덮이게 되었으되
예수께서는 주무시는지라

²⁵그 제자들이 나아와 깨우며 이르되
주여 구원하소서 우리가 죽겠나이다

²⁶예수께서 이르시되
어찌하여 무서워하느냐 믿음이 작은 자들아 하시고

곧 일어나사 바람과 바다를 꾸짖으시니
아주 잔잔하게 되거늘

²⁷그 사람들이 놀랍게 여겨 이르되
이이가 어떠한 사람이기에 바람과 바다도 순종하는가 하더라

**귀신 들린 두 사람을 고치시다**
²⁸또 예수께서 건너편 가다라 지방에 가시매
귀신 들린 자 들이 무덤 사이에서 나와 예수를 만나니

그들은 몹시 사나워
아무도 그 길로 지나갈 수 없을 지경이더라

²⁹이에 그들이 소리 질러 이르되
하나님의 아들이여 우리가 당신과 무슨 상관이 있나이까
때가 이르기 전에 우리를 괴롭게 하려고

여기 오셨나이까 하더니

30 마침 멀리서 많은 돼지 떼가 먹고 있는지라

31 귀신들이 예수께 간구하여 이르되
만일 우리를 쫓아 내시려면
돼지 떼에 들여 보내 주소서 하니

32 그들에게 가라 하시니
귀신들이 나와서 돼지에게로 들어가는지라

온 떼가 비탈로 내리달아 바다에 들어가서
물에서 몰사하거늘

33 치던 자들이 달아나 시내에 들어가
이 모든 일과 귀신 들린 자의 일을 고하니

34 온 시내가 예수를 만나려고 나가서 보고

그 지방에서 떠나시기를 간구(懇求)하더라

## 중풍병자를 고치시다

**9** ¹ 예수께서 배에 오르사 건너가 본 동네에 이르시니

² 침상에 누운 중풍병자를 사람들이 데리고 오거늘
예수께서 그들의 믿음을 보시고 중풍병자에게 이르시되
작은 자야 안심하라 네 죄 사함을 받았느니라

³ 어떤 서기관들이 속으로 이르되
이 사람이 신성을 모독하도다

⁴ 예수께서 그 생각을 아시고 이르시되
너희가 어찌하여 마음에 악한 생각을 하느냐

⁵ 네 죄 사함을 받았느니라 하는 말과
일어나 걸어가라 하는 말 중에 어느 것이 쉽겠느냐

6 그러나 인자가 세상에서 죄를 사하는 권능이 있는 줄을
너희로 알게 하려 하노라 하시고

중풍병자에게 말씀하시되
일어나 네 침상을 가지고 집으로 가라 하시니

7 그가 일어나 집으로 돌아가거늘

8 무리가 보고 두려워하며 이런 권능을 사람에게 주신
하나님께 영광을 돌리니라

### 마태를 부르시다

9 예수께서 그 곳을 떠나 지나가시다가
마태라 하는 사람이 세관에 앉아 있는 것을 보시고
이르시되 나를 따르라 하시니 일어나 따르니라

10 예수께서 마태의 집에서 앉아 음식을 잡수실 때에

많은 세리와 죄인들이 와서
예수와 그의 제자들과 함께 앉았더니

11 바리새인들이 보고 그의 제자들에게 이르되
어찌하여 너희 선생은 세리와 죄인들과 함께 잡수시느냐

12 예수께서 들으시고 이르시되
건강한 자에게는 의사가 쓸 데 없고
병든 자에게라야 쓸 데 있느니라

13 너희는 가서 내가 긍휼을 원하고
제사를 원하지 아니하노라 하신 뜻이 무엇인지 배우라

나는 의인을 부르러 온 것이 아니요
죄인을 부르러 왔노라 하시니라

금식 논쟁

14 그 때에 요한의 제자들이 예수께 나아와 이르되
우리와 바리새인들은 금식하는데
어찌하여 당신의 제자들은 금식하지 아니하나이까

15 예수께서 그들에게 이르시되
혼인집 손님들이 신랑(新郞)과 함께 있을 동안에
슬퍼할 수 있느냐

그러나 신랑을 빼앗길 날이 이르리니
그 때에는 금식할 것이니라

16 생베 조각을 낡은 옷에 붙이는 자가 없나니
이는 기운 것이 그 옷을 당기어 해어짐이 더하게 됨이요

17 새 포도주를 낡은 가죽 부대에 넣지 아니하나니
그렇게 하면 부대가 터져

포도주도 쏟아지고 부대도 버리게 됨이라
새 포도주는 새 부대에 넣어야 둘이 다 보전되느니라

## 한 관리의 딸과 예수의 옷을 만진 여자

18 예수께서 이 말씀을 하실 때에
한 관리가 와서 절하며 이르되 내 딸이 방금 죽었사오나

오셔서 그 몸에 손을 얹어 주소서
그러면 살아나겠나이다 하니

19 예수께서 일어나 따라가시매 제자들도 가더니

20 열두 해 동안이나 혈루증으로 앓는 여자가
예수의 뒤로 와서 그 겉옷 가를 만지니

21 이는 제 마음에 그 겉옷만 만져도
구원(救援)을 받겠다 함이라

²²예수께서 돌이켜 그를 보시며 이르시되
딸아 안심하라 네 믿음이 너를 구원하였다 하시니
여자가 그 즉시 구원을 받으니라

²³예수께서 그 관리의 집에 가사
피리 부는 자들과 떠드는 무리를 보시고

²⁴이르시되 물러가라 이 소녀가 죽은 것이 아니라
잔다 하시니 그들이 비웃더라

²⁵무리를 내보낸 후에 예수께서 들어가사
소녀의 손을 잡으시매 일어나는지라

²⁶그 소문이 그 온 땅에 퍼지더라

맹인들의 눈을 뜨게 하시다

²⁷예수께서 거기에서 떠나가실새

두 맹인이 따라오며 소리 질러 이르되
다윗의 자손이여 우리를 불쌍히 여기소서 하더니

28 예수께서 집에 들어가시매 맹인들이 그에게 나아오거늘
예수께서 이르시되 내가 능히 이 일 할 줄을 믿느냐
대답하되 주여 그러하오이다 하니

29 이에 예수께서 그들의 눈을 만지시며 이르시되
너희 믿음대로 되라 하시니

30 그 눈들이 밝아진지라 예수께서 엄히 경고하시되
삼가 아무에게도 알리지 말라 하셨으나

31 그들이 나가서 예수의 소문을 그 온 땅에 퍼뜨리니라

**말 못하는 사람을 고치시다**

32 그들이 나갈 때에 귀신 들려 말 못하는 사람을

예수께 데려오니

33 귀신이 쫓겨나고 말 못하는 사람이 말하거늘
무리가 놀랍게 여겨 이르되
이스라엘 가운데서 이런 일을 본 적이 없다 하되

34 바리새인들은 이르되
그가 귀신의 왕을 의지하여 귀신을 쫓아낸다 하더라

**무리를 불쌍히 여기시다**

35 예수께서 모든 도시와 마을에 두루 다니사
그들의 회당에서 가르치시며 천국 복음을 전파하시며
모든 병과 모든 약한 것을 고치시니라

36 무리를 보시고 불쌍히 여기시니
이는 그들이 목자 없는 양과 같이 고생하며 기진함이라

<sup>37</sup>이에 제자들에게 이르시되
추수(秋收)할 것은 많되 일꾼이 적으니

<sup>38</sup>그러므로 추수하는 주인에게 청하여
추수할 일꾼들을 보내 주소서 하라 하시니라

## 열두 제자를 부르시다

**10** <sup>1</sup>예수께서 그의 열두 제자를 부르사
더러운 귀신을 쫓아내며 모든 병과
모든 약한 것을 고치는 권능을 주시니라

## 열두 제자에게 명하여 이르시다

<sup>2</sup>열두 사도의 이름은 이러하니
베드로라 하는 시몬을 비롯하여 그의 형제 안드레와
세베대의 아들 야고보와 그의 형제 요한,

3 빌립과 바돌로매, 도마와 세리 마태,
알패오의 아들 야고보와 다대오,

4 가나나인 시몬 및 가룟 유다 곧 예수를 판 자라

5 예수께서 이 열둘을 내보내시며 명하여 이르시되
이방인의 길로도 가지 말고
사마리아인의 고을에도 들어가지 말고

6 오히려 이스라엘 집의 잃어버린 양에게로 가라

7 가면서 전파하여 말하되 천국이 가까이 왔다 하고

8 병든 자를 고치며 죽은 자를 살리며
나병환자를 깨끗하게 하며 귀신을 쫓아내되
너희가 거저 받았으니 거저 주라

9 너희 전대에 금이나 은이나 동을 가지지 말고

¹⁰여행을 위하여 배낭이나 두 벌 옷이나
신이나 지팡이를 가지지 말라
이는 일꾼이 자기의 먹을 것 받는 것이 마땅함이라

¹¹어떤 성이나 마을에 들어가든지
그 중에 합당한 자를 찾아내어
너희가 떠나기까지 거기서 머물라

¹²또 그 집에 들어가면서 평안하기를 빌라

¹³그 집이 이에 합당하면
너희 빈 평안이 거기 임할 것이요

만일 합당하지 아니하면
그 평안이 너희에게 돌아올 것이니라

¹⁴누구든지 너희를 영접하지도 아니하고

너희 말을 듣지도 아니하거든
그 집이나 성에서 나가 너희 발의 먼지를 떨어 버리라

15 내가 진실로 너희에게 이르노니 심판 날에
소돔과 고모라 땅이 그 성보다 견디기 쉬우리라

## 미움을 받을 것이다

16 보라 내가 너희를 보냄이
양을 이리 가운데로 보냄과 같도다

그러므로 너희는 뱀 같이 지혜(智慧)롭고
비둘기 같이 순결하라

17 사람들을 삼가라 그들이 너희를 공회에 넘겨 주겠고
그들의 회당에서 채찍질하리라

18 또 너희가 나로 말미암아

총독들과 임금들 앞에 끌려 가리니
이는 그들과 이방인들에게 증거가 되게 하려 하심이라

<sup>19</sup>너희를 넘겨 줄 때에
어떻게 또는 무엇을 말할까 염려하지 말라
그 때에 너희에게 할 말을 주시리니

<sup>20</sup>말하는 이는 너희가 아니라 너희 속에서 말씀하시는 이
곧 너희 아버지의 성령이시니라

<sup>21</sup>장차 형제가 형제를, 아버지가 자식을 죽는 데에 내주며
자식들이 부모를 대적하여 죽게 하리라

<sup>22</sup>또 너희가 내 이름으로 말미암아
모든 사람에게 미움을 받을 것이나
끝까지 견디는 자는 구원을 얻으리라

<sup>23</sup>이 동네에서 너희를 박해하거든 저 동네로 피하라
내가 진실로 너희에게 이르노니
이스라엘의 모든 동네를 다 다니지 못하여서 인자가 오리라

## 두려워할 분을 두려워하라

<sup>24</sup>제자가 그 선생보다,
또는 종이 그 상전보다 높지 못하나니

<sup>25</sup>제자가 그 선생 같고 종이 그 상전 같으면 족하도다
집 주인을 바알세불이라 하였거든 하물며 그 집 사람들이랴

<sup>26</sup>그런즉 그들을 두려워하지 말라
감추인 것이 드러나지 않을 것이 없고
숨은 것이 알려지지 않을 것이 없느니라

<sup>27</sup>내가 너희에게 어두운 데서 이르는 것을

광명한 데서 말하며
너희가 귓속말로 듣는 것을 집 위에서 전파하라

28 몸은 죽여도 영혼은 능히 죽이지 못하는 자들을
두려워하지 말고

오직 몸과 영혼을 능히 지옥에 멸하실 수 있는 이를
두려워하라

29 참새 두 마리가 한 앗사리온에 팔리지 않느냐
그러나 너희 아버지께서 허락하지 아니하시면
그 하나도 땅에 떨어지지 아니하리라

30 너희에게는 머리털까지 다 세신 바 되었나니

31 두려워하지 말라 너희는 많은 참새보다 귀하니라

32 누구든지 사람 앞에서 나를 시인하면

나도 하늘에 계신 내 아버지 앞에서 그를 시인할 것이요

<sup>33</sup> 누구든지 사람 앞에서 나를 부인하면
나도 하늘에 계신 내 아버지 앞에서 그를 부인하리라

## 검을 주러 왔다

<sup>34</sup> 내가 세상에 화평을 주러 온 줄로 생각하지 말라
화평이 아니요 검을 주러 왔노라

<sup>35</sup> 내가 온 것은 사람이 그 아버지와, 딸이 어머니와,
며느리가 시어머니와 불화하게 하려 함이니

<sup>36</sup> 사람의 원수가 자기 집안 식구리라

<sup>37</sup> 아버지나 어머니를 나보다 더 사랑하는 자는
내게 합당하지 아니하고
아들이나 딸을 나보다 더 사랑하는 자도

내게 합당하지 아니하며

<sup>38</sup> 또 자기 십자가를 지고 나를 따르지 않는 자도
내게 합당하지 아니하니라

<sup>39</sup> 자기 목숨을 얻는 자는 잃을 것이요
나를 위하여 자기 목숨을 잃는 자는 얻으리라

**상을 받을 사람**

<sup>40</sup> 너희를 영접하는 자는 나를 영접하는 것이요
나를 영접(迎接)하는 자는
나를 보내신 이를 영접하는 것이니라

<sup>41</sup> 선지자의 이름으로 선지자를 영접하는 자는
선지자의 상을 받을 것이요
의인의 이름으로 의인을 영접하는 자는

의인의 상을 받을 것이요

<sup>42</sup> 또 누구든지 제자의 이름으로 이 작은 자 중 하나에게
냉수 한 그릇이라도 주는 자는

내가 진실로 너희에게 이르노니
그 사람이 결단코 상을 잃지 아니하리라 하시니라

# 11

<sup>1</sup> 예수께서 열두 제자에게 명하기를 마치시고
이에 그들의 여러 동네에서 가르치시며
전도(傳道)하시려고 거기를 떠나 가시니라

## 세례 요한

<sup>2</sup> 요한이 옥에서 그리스도께서 하신 일을 듣고
제자들을 보내어

<sup>3</sup> 예수께 여짜오되 오실 그이가 당신이오니이까

우리가 다른 이를 기다리오리이까

4 예수께서 대답하여 이르시되
너희가 가서 듣고 보는 것을 요한에게 알리되

5 맹인이 보며 못 걷는 사람이 걸으며
나병환자가 깨끗함을 받으며

못 듣는 자가 들으며 죽은 자가 살아나며
가난한 자에게 복음이 전파된다 하라

6 누구든지 나로 말미암아 실족하지 아니하는 자는
복이 있도다 하시니라

7 그들이 떠나매 예수께서 무리에게 요한에 대하여 말씀하시되
너희가 무엇을 보려고 광야에 나갔더냐
바람에 흔들리는 갈대냐

8 그러면 너희가 무엇을 보려고 나갔더냐
부드러운 옷 입은 사람이냐
부드러운 옷을 입은 사람들은 왕궁에 있느니라

9 그러면 너희가 어찌하여 나갔더냐
선지자를 보기 위함이었더냐
옳다 내가 너희에게 이르노니 선지자보다 더 나은 자니라

10 기록된 바 보라 내가 내 사자를 네 앞에 보내노니
그가 네 길을 네 앞에 준비하리라 하신 것이
이 사람에 대한 말씀이니라

11 내가 진실로 너희에게 말하노니 여자가 낳은 자 중에
세례 요한보다 큰 이가 일어남이 없도다
그러나 천국에서는 극히 작은 자라도 그보다 크니라

<sup>12</sup>세례 요한의 때부터 지금까지 천국은 침노를 당하나니
침노하는 자는 빼앗느니라

<sup>13</sup>모든 선지자와 율법이 예언한 것은 요한까지니

<sup>14</sup>만일 너희가 즐겨 받을진대
오리라 한 엘리야가 곧 이 사람이니라

<sup>15</sup>귀 있는 자는 들을지어다

<sup>16</sup>이 세대를 무엇으로 비유할까
비유하건대 아이들이 장터에 앉아 제 동무를 불러

<sup>17</sup>이르되 우리가 너희를 향하여 피리를 불어도
너희가 춤추지 않고

우리가 슬피 울어도
너희가 가슴을 치지 아니하였다 함과 같도다

<sup>18</sup>요한이 와서 먹지도 않고 마시지도 아니하매
그들이 말하기를 귀신이 들렸다 하더니

<sup>19</sup>인자는 와서 먹고 마시매 말하기를
보라 먹기를 탐하고 포도주를 즐기는 사람이요

세리와 죄인(罪人)의 친구로다 하니
지혜는 그 행한 일로 인하여 옳다 함을 얻느니라

## 회개하지 아니하는 도시들

<sup>20</sup>예수께서 권능을 가장 많이 행하신 고을들이
회개하지 아니하므로 그 때에 책망하시되

<sup>21</sup>화 있을진저 고라신아 화 있을진저 벳새다야
너희에게 행한 모든 권능을 두로와 시돈에서 행하였더라면
그들이 벌써 베옷을 입고 재에 앉아 회개하였으리라

<sup>22</sup>내가 너희에게 이르노니
심판 날에 두로와 시돈이 너희보다 견디기 쉬우리라

<sup>23</sup>가버나움아 네가 하늘에까지 높아지겠느냐
음부에까지 낮아지리라

네게 행한 모든 권능을 소돔에서 행하였더라면
그 성이 오늘까지 있었으리라

<sup>24</sup>내가 너희에게 이르노니
심판 날에 소돔 땅이 너보다 견디기 쉬우리라 하시니라

**짐 진 자들아 내게로 오라**

<sup>25</sup>그 때에 예수께서 대답하여 이르시되
천지의 주재이신 아버지여
이것을 지혜롭고 슬기 있는 자들에게는 숨기시고

어린 아이들에게는 나타내심을 감사하나이다

²⁶옳소이다 이렇게 된 것이 아버지의 뜻이니이다

²⁷내 아버지께서 모든 것을 내게 주셨으니
아버지 외에는 아들을 아는 자가 없고

아들과 또 아들의 소원대로 계시를 받는 자 외에는
아버지를 아는 자가 없느니라

²⁸수고하고 무거운 짐 진 자들아
다 내게로 오라 내가 너희를 쉬게 하리라

²⁹나는 마음이 온유(溫柔)하고 겸손하니
나의 멍에를 메고 내게 배우라
그리하면 너희 마음이 쉼을 얻으리니

³⁰이는 내 멍에는 쉽고 내 짐은 가벼움이라 하시니라

안식일에 밀 이삭을 자르다

**12** ¹ 그 때에 예수께서 안식일에 밀밭 사이로 가실새 제자들이 시장하여 이삭을 잘라 먹으니

² 바리새인들이 보고 예수께 말하되 보시오 당신의 제자들이 안식일에 하지 못할 일을 하나이다

³ 예수께서 이르시되 다윗이 자기와 그 함께 한 자들이 시장할 때에 한 일을 읽지 못하였느냐

⁴ 그가 하나님의 전에 들어가서 제사장 외에는 자기나 그 함께 한 자들이 먹어서는 안 되는 진설병을 먹지 아니하였느냐

⁵ 또 안식일에 제사장들이 성전 안에서 안식을 범하여도 죄가 없음을 너희가 율법에서 읽지 못하였느냐

⁶ 내가 너희에게 이르노니
성전(聖殿)보다 더 큰 이가 여기 있느니라

⁷ 나는 자비를 원하고 제사를 원하지 아니하노라
하신 뜻을 너희가 알았더라면
무죄한 자를 정죄하지 아니하였으리라

⁸ 인자는 안식일의 주인이니라 하시니라

안식일에 손 마른 사람을 고치시다
⁹ 거기에서 떠나 그들의 회당에 들어가시니

¹⁰ 한쪽 손 마른 사람이 있는지라
사람들이 예수를 고발하려 하여 물어 이르되
안식일에 병 고치는 것이 옳으니이까

¹¹ 예수께서 이르시되

너희 중에 어떤 사람이 양 한 마리가 있어
안식일에 구덩이에 빠졌으면 끌어내지 않겠느냐

12 사람이 양보다 얼마나 더 귀하냐
그러므로 안식일에 선을 행하는 것이 옳으니라 하시고

13 이에 그 사람에게 이르시되 손을 내밀라 하시니
그가 내밀매 다른 손과 같이 회복되어 성하더라

14 바리새인들이 나가서
어떻게 하여 예수를 죽일까 의논하거늘

15 예수께서 아시고 거기를 떠나가시니
많은 사람이 따르는지라
예수께서 그들의 병을 다 고치시고

16 자기를 나타내지 말라 경고하셨으니

<sup>17</sup>이는 선지자 이사야를 통하여 말씀하신 바

<sup>18</sup>보라 내가 택한 종 곧 내 마음에 기뻐하는 바
내가 사랑하는 자로다

내가 내 영을 그에게 줄 터이니
그가 심판을 이방에 알게 하리라

<sup>19</sup>그는 다투지도 아니하며 들레지도 아니하리니
아무도 길에서 그 소리를 듣지 못하리라

<sup>20</sup>상한 갈대를 꺾지 아니하며
꺼져가는 심지를 끄지 아니하기를
심판하여 이길 때까지 하리니

<sup>21</sup>또한 이방들이 그의 이름을 바라리라 함을
이루려 하심이니라

예수와 바알세불

²²그 때에 귀신 들려 눈 멀고
말 못하는 사람을 데리고 왔거늘

예수께서 고쳐 주시매
그 말 못하는 사람이 말하며 보게 된지라

²³무리가 다 놀라 이르되
이는 다윗의 자손이 아니냐 하니

²⁴바리새인들은 듣고 이르되
이가 귀신의 왕 바알세불을 힘입지 않고는
귀신을 쫓아내지 못하느니라 하거늘

²⁵예수께서 그들의 생각을 아시고 이르시되
스스로 분쟁하는 나라마다 황폐하여질 것이오

스스로 분쟁하는 동네나 집마다 서지 못하리라

26 만일 사탄이 사탄을 쫓아내면 스스로 분쟁하는 것이니
그리하고야 어떻게 그의 나라가 서겠느냐

27 또 내가 바알세불을 힘입어 귀신을 쫓아내면
너희의 아들들은 누구를 힘입어 쫓아내느냐
그러므로 그들이 너희의 재판관이 되리라

28 그러나 내가 하나님의 성령을 힘입어
귀신을 쫓아내는 것이면
하나님의 나라가 이미 너희에게 임하였느니라

29 사람이 먼저 강한 자를 결박하지 않고서야
어떻게 그 강한 자의 집에 들어가 그 세간을 강탈하겠느냐
결박한 후에야 그 집을 강탈하리라

30 나와 함께 아니하는 자는 나를 반대하는 자요
나와 함께 모으지 아니하는 자는 헤치는 자니라

31 그러므로 내가 너희에게 이르노니
사람에 대한 모든 죄와 모독은 사하심을 얻되
성령을 모독하는 것은 사하심을 얻지 못하겠고

32 또 누구든지 말로 인자를 거역하면 사하심을 얻되
누구든지 말로 성령을 거역하면
이 세상과 오는 세상에서도 사하심을 얻지 못하리라

33 나무도 좋고 열매도 좋다 하든지
나무도 좋지 않고 열매도 좋지 않다 하든지 하라
그 열매로 나무를 아느니라

34 독사의 자식들아

너희는 악하니 어떻게 선한 말을 할 수 있느냐
이는 마음에 가득한 것을 입으로 말함이라

<sup>35</sup>선한 사람은 그 쌓은 선에서 선한 것을 내고
악한 사람은 그 쌓은 악에서 악한 것을 내느니라

<sup>36</sup>내가 너희에게 이르노니
사람이 무슨 무익한 말을 하든지
심판 날에 이에 대하여 심문을 받으리니

<sup>37</sup>네 말로 의롭다 함을 받고
네 말로 정죄함을 받으리라

### 악한 세대가 표적을 구하나

<sup>38</sup>그 때에 서기관과 바리새인 중 몇 사람이 말하되
선생님이여 우리에게 표적 보여주시기를 원하나이다

<sup>39</sup>예수께서 대답하여 이르시되
악하고 음란한 세대가 표적을 구하나
선지자 요나의 표적 밖에는 보일 표적이 없느니라

<sup>40</sup>요나가 밤낮 사흘 동안 큰 물고기 뱃속에 있었던 것 같이
인자도 밤낮 사흘 동안 땅 속에 있으리라

<sup>41</sup>심판 때에 니느웨 사람들이 일어나
이 세대 사람을 정죄하리니

이는 그들이 요나의 전도를 듣고 회개하였음이거니와
요나보다 더 큰 이가 여기 있으며

<sup>42</sup>심판 때에 남방 여왕이 일어나
이 세대 사람을 정죄하리니
이는 그가 솔로몬의 지혜로운 말을 들으려고

땅 끝에서 왔음이거니와
솔로몬보다 더 큰 이가 여기 있느니라

43 더러운 귀신이 사람에게서 나갔을 때에
물 없는 곳으로 다니며 쉬기를 구하되
쉴 곳을 얻지 못하고

44 이에 이르되 내가 나온 내 집으로 돌아가리라 하고
와 보니 그 집이 비고 청소되고 수리되었거늘

45 이에 가서 저보다 더 악한 귀신 일곱을 데리고
들어가서 거하니

그 사람의 나중 형편이 전보다 더욱 심하게 되느니라
이 악한 세대가 또한 이렇게 되리라

예수의 어머니와 형제 자매

46 예수께서 무리에게 말씀하실 때에
그의 어머니와 동생들이 예수께 말하려고 밖에 섰더니

47 한 사람이 예수께 여짜오되
보소서 당신의 어머니와 동생들이
당신께 말하려고 밖에 서 있나이다 하니

48 말하던 사람에게 대답하여 이르시되
누가 내 어머니이며 내 동생들이냐 하시고

49 손을 내밀어 제자(弟子)들을 가리켜 이르시되
나의 어머니와 나의 동생들을 보라

50 누구든지 하늘에 계신 내 아버지의 뜻대로 하는 자가
내 형제요 자매요 어머니이니라 하시더라

네 가지 땅에 떨어진 씨 비유

# 13
¹ 그 날 예수께서 집에서 나가사 바닷가에 앉으시매

² 큰 무리가 그에게로 모여 들거늘
예수께서 배에 올라가 앉으시고
온 무리는 해변에 서 있더니

³ 예수께서 비유로 여러 가지를 그들에게 말씀하여 이르시되
씨를 뿌리는 자가 뿌리러 나가서

⁴ 뿌릴새 더러는 길 가에 떨어지매
새들이 와서 먹어버렸고

⁵ 더러는 흙이 얕은 돌밭에 떨어지매
흙이 깊지 아니하므로 곧 싹이 나오나

⁶ 해가 돋은 후에 타서 뿌리가 없으므로 말랐고

⁷ 더러는 가시떨기 위에 떨어지매

가시가 자라서 기운을 막았고

8 더러는 좋은 땅에 떨어지매 어떤 것은 백 배,
어떤 것은 육십 배,
어떤 것은 삼십 배의 결실을 하였느니라

9 귀 있는 자는 들으라 하시니라

비유를 설명하시다

10 제자들이 예수께 나아와 이르되
어찌하여 그들에게 비유로 말씀하시나이까

11 대답하여 이르시되 천국의 비밀을 아는 것이
너희에게는 허락되었으나 그들에게는 아니되었나니

12 무릇 있는 자는 받아 넉넉하게 되되
없는 자는 그 있는 것도 빼앗기리라

<sup>13</sup>그러므로 내가 그들에게 비유로 말하는 것은
그들이 보아도 보지 못하며 들어도 듣지 못하며
깨닫지 못함이니라

<sup>14</sup>이사야의 예언이 그들에게 이루어졌으니 일렀으되
너희가 듣기는 들어도 깨닫지 못할 것이요
보기는 보아도 알지 못하리라

<sup>15</sup>이 백성들의 마음이 완악하여져서
그 귀는 듣기에 둔하고 눈은 감았으니

이는 눈으로 보고 귀로 듣고 마음으로 깨달아
돌이켜 내게 고침을 받을까 두려워함이라 하였느니라

<sup>16</sup>그러나 너희 눈은 봄으로,
너희 귀는 들음으로 복이 있도다

<sup>17</sup>내가 진실로 너희에게 이르노니 많은 선지자와 의인(義人)이
너희가 보는 것들을 보고자 하여도 보지 못하였고
너희가 듣는 것들을 듣고자 하여도 듣지 못하였느니라

<sup>18</sup>그런즉 씨 뿌리는 비유를 들으라

<sup>19</sup>아무나 천국 말씀을 듣고 깨닫지 못할 때는
악한 자가 와서 그 마음에 뿌려진 것을 빼앗나니
이는 곧 길 가에 뿌려진 자요

<sup>20</sup>돌밭에 뿌려졌다는 것은
말씀을 듣고 즉시 기쁨으로 받되

<sup>21</sup>그 속에 뿌리가 없어 잠시 견디다가 말씀으로 말미암아
환난이나 박해가 일어날 때에는 곧 넘어지는 자요

<sup>22</sup>가시떨기에 뿌려졌다는 것은

말씀을 들으나 세상의 염려와 재물의 유혹에 말씀이 막혀
결실(結實)하지 못하는 자요

<sup>23</sup> 좋은 땅에 뿌려졌다는 것은 말씀을 듣고 깨닫는 자니
결실하여 어떤 것은 백 배, 어떤 것은 육십 배,
어떤 것은 삼십 배가 되느니라 하시더라

<sup>24</sup> 예수께서 그들 앞에 또 비유를 들어 이르시되
천국은 좋은 씨를 제 밭에 뿌린 사람과 같으니

<sup>25</sup> 사람들이 잘 때에 그 원수가 와서
곡식 가운데 가라지를 덧뿌리고 갔더니

<sup>26</sup> 싹이 나고 결실할 때에 가라지도 보이거늘

<sup>27</sup> 집 주인의 종들이 와서 말하되
주여 밭에 좋은 씨를 뿌리지 아니하였나이까

그런데 가라지가 어디서 생겼나이까

²⁸ 주인이 이르되 원수가 이렇게 하였구나
종들이 말하되 그러면 우리가 가서
이것을 뽑기를 원하시나이까

²⁹ 주인이 이르되 가만 두라
가라지를 뽑다가 곡식까지 뽑을까 염려하노라

³⁰ 둘 다 추수 때까지 함께 자라게 두라
추수 때에 내가 추수꾼들에게 말하기를

가라지는 먼저 거두어 불사르게 단으로 묶고
곡식은 모아 내 곳간에 넣으라 하리라

### 겨자씨와 누룩 비유

³¹ 또 비유를 들어 이르시되

천국은 마치 사람이 자기 밭에 갖다 심은
겨자씨 한 알 같으니

³²이는 모든 씨보다 작은 것이로되
자란 후에는 풀보다 커서 나무가 되매
공중의 새들이 와서 그 가지에 깃들이느니라

³³또 비유로 말씀하시되 천국은 마치 여자가
가루 서 말 속에 갖다 넣어
전부 부풀게 한 누룩과 같으니라

## 비유로 말씀하신 까닭

³⁴예수께서 이 모든 것을 무리에게 비유로 말씀하시고
비유가 아니면 아무 것도 말씀하지 아니하셨으니

³⁵이는 선지자를 통하여 말씀하신 바

내가 입을 열어 비유로 말하고
창세부터 감추인 것들을 드러내리라 함을 이루려 하심이라

## 가라지 비유를 설명하시다

³⁶이에 예수께서 무리를 떠나사 집에 들어가시니
제자들이 나아와 이르되
밭의 가라지의 비유를 우리에게 설명(說明)하여 주소서

³⁷대답하여 이르시되 좋은 씨를 뿌리는 이는 인자요

³⁸밭은 세상이요 좋은 씨는 천국의 아들들이요
가라지는 악한 자의 아들들이요

³⁹가라지를 뿌린 원수는 마귀요
추수 때는 세상 끝이요 추수꾼은 천사들이니

⁴⁰그런즉 가라지를 거두어 불에 사르는 것 같이

세상 끝에도 그러하리라

<sup>41</sup>인자가 그 천사들을 보내리니
그들이 그 나라에서 모든 넘어지게 하는 것과
또 불법을 행하는 자들을 거두어 내어

<sup>42</sup>풀무 불에 던져 넣으리니 거기서 울며 이를 갈게 되리라

<sup>43</sup>그 때에 의인들은
자기 아버지 나라에서 해와 같이 빛나리라
귀 있는 자는 들으라

## 세 가지 비유

<sup>44</sup>천국은 마치 밭에 감추인 보화와 같으니
사람이 이를 발견한 후 숨겨 두고 기뻐하며 돌아가서
자기의 소유를 다 팔아 그 밭을 사느니라

⁴⁵또 천국은 마치 좋은 진주를 구하는 장사와 같으니

⁴⁶극히 값진 진주 하나를 발견하매
가서 자기의 소유(所有)를 다 팔아 그 진주를 사느니라

⁴⁷또 천국은 마치 바다에 치고
각종 물고기를 모는 그물과 같으니

⁴⁸그물에 가득하매 물 가로 끌어 내고 앉아서
좋은 것은 그릇에 담고 못된 것은 내버리느니라

⁴⁹세상 끝에도 이러하리라
천사들이 와서 의인 중에서 악인을 갈라 내어

⁵⁰풀무 불에 던져 넣으리니 거기서 울며 이를 갈리라

## 새 것과 옛 것

⁵¹이 모든 것을 깨달았느냐 하시니 대답하되 그러하오이다

52예수께서 이르시되 그러므로 천국의 제자된 서기관마다
마치 새것과 옛것을 그 곳간에서 내오는 집주인과 같으니라

## 고향에서 배척을 받으시다

53예수께서 이 모든 비유를 마치신 후에 그 곳을 떠나서

54고향으로 돌아가사 그들의 회당에서 가르치시니
그들이 놀라 이르되
이 사람의 이 지혜와 이런 능력이 어디서 났느냐

55이는 그 목수의 아들이 아니냐 그 어머니는 마리아,
그 형제들은 야고보, 요셉, 시몬, 유다라 하지 않느냐

56그 누이들은 다 우리와 함께 있지 아니하냐
그런즉 이 사람의 이 모든 것이 어디서 났느냐 하고

57예수를 배척한지라 예수께서 그들에게 말씀하시되

선지자가 자기 고향과 자기 집 외에서는
존경을 받지 않음이 없느니라 하시고

<sup>58</sup>그들이 믿지 않음으로 말미암아
거기서 많은 능력을 행하지 아니하시니라

### 세례 요한의 죽음

**14** <sup>1</sup> 그 때에 분봉 왕 헤롯이 예수의 소문을 듣고

<sup>2</sup> 그 신하들에게 이르되 이는 세례 요한이라
그가 죽은 자 가운데서 살아났으니
그러므로 이런 능력(能力)이 그 속에서 역사하는도다 하더라

<sup>3</sup> 전에 헤롯이 그 동생 빌립의 아내 헤로디아의 일로
요한을 잡아 결박하여 옥에 가두었으니

<sup>4</sup> 이는 요한이 헤롯에게 말하되

당신이 그 여자를 차지한 것이 옳지 않다 하였음이라

5 헤롯이 요한을 죽이려 하되
무리가 그를 선지자로 여기므로 그들을 두려워하더니

6 마침 헤롯의 생일이 되어 헤로디아의 딸이
연석 가운데서 춤을 추어 헤롯을 기쁘게 하니

7 헤롯이 맹세로 그에게 무엇이든지
달라는 대로 주겠다고 약속(約束)하거늘

8 그가 제 어머니의 시킴을 듣고 이르되
세례 요한의 머리를 소반에 얹어 여기서 내게 주소서 하니

9 왕이 근심하나 자기가 맹세한 것과
그 함께 앉은 사람들 때문에 주라 명하고

10 사람을 보내어 옥에서 요한의 목을 베어

11 그 머리를 소반에 얹어서 그 소녀에게 주니
그가 자기 어머니에게로 가져가니라

12 요한의 제자들이 와서 시체를 가져다가 장사하고
가서 예수께 아뢰니라

## 오천 명을 먹이시다

13 예수께서 들으시고 배를 타고 떠나사
따로 빈 들에 가시니 무리가 듣고
여러 고을로부터 걸어서 따라간지라

14 예수께서 나오사 큰 무리를 보시고 불쌍히 여기사
그 중에 있는 병자를 고쳐 주시니라

15 저녁이 되매 제자들이 나아와 이르되
이 곳은 빈 들이요 때도 이미 저물었으니

무리를 보내어 마을에 들어가
먹을 것을 사 먹게 하소서

16예수께서 이르시되
갈 것 없다 너희가 먹을 것을 주라

17제자들이 이르되 여기 우리에게 있는 것은
떡 다섯 개와 물고기 두 마리뿐이니이다

18이르시되 그것을 내게 가져오라 하시고

19무리를 명하여 잔디 위에 앉히시고
떡 다섯 개와 물고기 두 마리를 가지사

하늘을 우러러 축사하시고 떡을 떼어
제자들에게 주시매 제자들이 무리에게 주니

20다 배불리 먹고 남은 조각을

열두 바구니에 차게 거두었으며

<sup>21</sup>먹은 사람은 여자와 어린이 외에 오천 명이나 되었더라

## 물 위로 걸으시다

<sup>22</sup>예수께서 즉시 제자들을 재촉하사
자기가 무리를 보내는 동안에 배를 타고 앞서
건너편으로 가게 하시고

<sup>23</sup>무리를 보내신 후에 기도하러 따로 산에 올라가시니라
저물매 거기 혼자 계시더니

<sup>24</sup>배가 이미 육지에서 수 리나 떠나서 바람이 거스르므로
물결로 말미암아 고난을 당하더라

<sup>25</sup>밤 사경에 예수께서 바다 위로 걸어서 제자들에게 오시니

<sup>26</sup>제자들이 그가 바다 위로 걸어오심을 보고 놀라

유령이라 하며 무서워하여 소리 지르거늘

27 예수께서 즉시 이르시되 안심(安心)하라
나니 두려워하지 말라

28 베드로가 대답하여 이르되
주여 만일 주님이시거든 나를 명하사
물 위로 오라 하소서 하니

29 오라 하시니 베드로가 배에서 내려
물 위로 걸어서 예수께로 가되

30 바람을 보고 무서워 빠져 가는지라
소리 질러 이르되 주여 나를 구원하소서 하니

31 예수께서 즉시 손을 내밀어 그를 붙잡으시며 이르시되
믿음이 작은 자여 왜 의심하였느냐 하시고

<sup>32</sup> 배에 함께 오르매 바람이 그치는지라

<sup>33</sup> 배에 있는 사람들이 예수께 절하며 이르되
진실로 하나님의 아들이로소이다 하더라

## 게네사렛에서 병자들을 고치시다

<sup>34</sup> 그들이 건너가 게네사렛 땅에 이르니

<sup>35</sup> 그 곳 사람들이 예수이신 줄을 알고
그 근방에 두루 통지하여
모든 병든 자를 예수께 데리고 와서

<sup>36</sup> 다만 예수의 옷자락에라도 손을 대게 하시기를 간구하니
손을 대는 자는 다 나음을 얻으니라

## 장로들의 전통

# 15 <sup>1</sup> 그 때에 바리새인과 서기관들이

예루살렘으로부터 예수께 나아와 이르되

2 당신의 제자들이 어찌하여 장로들의 전통을 범하나이까
떡 먹을 때에 손을 씻지 아니하나이다

3 대답하여 이르시되 너희는 어찌하여
너희의 전통으로 하나님의 계명을 범하느냐

4 하나님이 이르셨으되 네 부모를 공경(恭敬)하라 하시고
또 아버지나 어머니를 비방하는 자는
반드시 죽임을 당하리라 하셨거늘

5 너희는 이르되 누구든지 아버지에게나 어머니에게 말하기를
내가 드려 유익하게 할 것이
하나님께 드림이 되었다고 하기만 하면

6 그 부모를 공경할 것이 없다 하여

너희의 전통으로 하나님의 말씀을 폐하는도다

7 외식하는 자들아
이사야가 너희에 관하여 잘 예언하였도다 일렀으되

8 이 백성이 입술로는 나를 공경하되
마음은 내게서 멀도다

9 사람의 계명으로 교훈(敎訓)을 삼아 가르치니
나를 헛되이 경배하는도다 하였느니라 하시고

10 무리를 불러 이르시되 듣고 깨달으라

11 입으로 들어가는 것이 사람을 더럽게 하는 것이 아니라
입에서 나오는 그것이 사람을 더럽게 하는 것이니라

12 이에 제자들이 나아와 이르되
바리새인들이 이 말씀을 듣고 걸림이 된 줄 아시나이까

<sup>13</sup>예수께서 대답하여 이르시되
심은 것마다 내 하늘 아버지께서
심으시지 않은 것은 뽑힐 것이니

<sup>14</sup>그냥 두라 그들은 맹인이 되어 맹인을 인도하는 자로다
만일 맹인이 맹인을 인도하면
둘이 다 구덩이에 빠지리라 하시니

<sup>15</sup>베드로가 대답하여 이르되
이 비유를 우리에게 설명하여 주옵소서

<sup>16</sup>예수께서 이르시되 너희도 아직까지 깨달음이 없느냐

<sup>17</sup>입으로 들어가는 모든 것은 배로 들어가서
뒤로 내버려지는 줄 알지 못하느냐

<sup>18</sup>입에서 나오는 것들은 마음에서 나오나니

이것이야말로 사람을 더럽게 하느니라

<sup>19</sup>마음에서 나오는 것은 악한 생각과 살인과 간음과
음란과 도둑질과 거짓 증언과 비방이니

<sup>20</sup>이런 것들이 사람을 더럽게 하는 것이요
씻지 않은 손으로 먹는 것은
사람을 더럽게 하지 못하느니라

**가나안 여자의 믿음**

<sup>21</sup>예수께서 거기서 나가사 두로와 시돈 지방으로 들어가시니

<sup>22</sup>가나안 여자 하나가
그 지경에서 나와서 소리 질러 이르되

주 다윗의 자손이여 나를 불쌍히 여기소서
내 딸이 흉악하게 귀신 들렸나이다 하되

<sup>23</sup>예수는 한 말씀도 대답하지 아니하시니
제자들이 와서 청하여 말하되
그 여자가 우리 뒤에서 소리를 지르오니 그를 보내소서

<sup>24</sup>예수께서 대답하여 이르시되
나는 이스라엘 집의 잃어버린 양 외에는
다른 데로 보내심을 받지 아니하였노라 하시니

<sup>25</sup>여자가 와서 예수께 절하며 이르되
주여 저를 도우소서

<sup>26</sup>대답하여 이르시되 자녀의 떡을 취하여
개들에게 던짐이 마땅하지 아니하니라

<sup>27</sup>여자가 이르되 주여 옳소이다마는
개들도 제 주인의 상에서 떨어지는

부스러기를 먹나이다 하니

<sup>28</sup>이에 예수께서 대답하여 이르시되
여자여 네 믿음이 크도다

네 소원(所願)대로 되리라 하시니
그 때로부터 그의 딸이 나으니라

## 많은 사람들을 고치시다

<sup>29</sup>예수께서 거기서 떠나사 갈릴리 호숫가에 이르러
산에 올라가 거기 앉으시니

<sup>30</sup>큰 무리가 다리 저는 사람과 장애인과
맹인과 말 못하는 사람과 기타 여럿을 데리고 와서
예수의 발 앞에 앉히매 고쳐 주시니

<sup>31</sup>말 못하는 사람이 말하고 장애인이 온전하게 되고

다리 저는 사람이 걸으며 맹인이 보는 것을 무리가 보고
놀랍게 여겨 이스라엘의 하나님께 영광을 돌리니라

## 사천 명을 먹이시다

32 예수께서 제자들을 불러 이르시되
내가 무리를 불쌍히 여기노라

그들이 나와 함께 있은 지 이미 사흘이매
먹을 것이 없도다
길에서 기진할까 하여 굶겨 보내지 못하겠노라

33 제자들이 이르되 광야에 있어 우리가 어디서
이런 무리가 배부를 만큼 떡을 얻으리이까

34 예수께서 이르시되 너희에게 떡이 몇 개나 있느냐
이르되 일곱 개와 작은 생선 두어 마리가 있나이다 하거늘

35예수께서 무리에게 명하사 땅에 앉게 하시고

36떡 일곱 개와 그 생선을 가지사 축사하시고
떼어 제자들에게 주시니 제자들이 무리에게 주매

37다 배불리 먹고 남은 조각을
일곱 광주리에 차게 거두었으며

38먹은 자는 여자와 어린이 외에 사천 명이었더라

39예수께서 무리를 흩어 보내시고 배에 오르사
마가단 지경으로 가시니라

God bless you~

## » Thinking space ...

개역개정 · 신약성경 쓰기

① 마태복음상

**1판 1쇄 발행** 2022년 3월 16일

**펴낸곳** 우슬북
**엮은이** 김영기

**출판등록** 2019년 4월 1일(제568-2019-000006호)
**주소** 충남 당진시 송산면 유곡로 20
**출판사 전화** 010.5424.7706
**이메일** hyssop2000@daum.net
**총판** 하늘유통(031.947.7777)

**값** 7,000원
**ISBN** 979-11-973755-6-9